물고기는
슬퍼하지
않는다

물고기는 슬퍼하지 않는다

권재용 세 번째 시집

책나무출판사

| 목차 |

1부

장미 · 8 / 바람 · 9 / 바다가 파란 이유 · 10 / 화양연화 · 11 /
봄이 온다 · 12 / 벚꽃 · 13 / 물고기는 슬퍼하지 않는다. · 14 /
꽃은 당신이라서 · 15 / 낙화 · 16 / 새 · 17 / 화가 · 18 / 비 · 19 / 꿈 · 20 /
별이 많은 이유 · 21 / 그림자 · 22 / 0 · 23 / 숨 · 24 / 불행 · 25 / 빛 · 26 /
노을 · 27 / 기적 · 28 / 봄 · 29 / 사랑해 · 30 / 독백 · 31 / 겨울 · 32 /
외로움 · 33 / 이별 · 34 / 잠 · 35 / 잠수 · 36 / 냐옹이 · 37 / 사랑 · 38 /
인사 · 39 / 매미 · 40 / 지렁이 · 41 / 파도 · 42 / 밤 · 43 / 꿈 · 44 /
유성우 · 45 / 외로움 · 46 / 아름다운 당신 · 47

2부

밤비 · 50 / 눈물 · 51 / 꽃 1 · 52 / 고백 · 53 / 나비 · 54 / 잠 · 55 /
슬픔 · 56 / 우산 · 57 / 별빛 · 58 / 비눗방울 · 59 / 고백 · 60 / 벚꽃 · 61 /
참새 · 62 / 하루 · 63 / 밤 · 64 / 도둑고양이 · 65 / 꿈 · 66 / 외로움 · 67 /
노을 · 68 / 절망 · 69 / 이름 · 70 / 달리기 · 71 / 번개 · 72 / 책갈피 · 73 /
천년 후 · 74 / 독백 · 75 / 바람 · 76 / 비 · 77 / 빛 · 78 / 슬픔 · 79 /
두 눈 · 80 / 어둠 · 81 / 꿈 · 82 / 마음 · 83 / 비 · 84 / 죄 · 85 / 숲 · 86 /
사랑 · 87 / 빛 · 88 / 눈물 · 89

3부

수취 불명 · 92 / 심장 · 93 / 고백 · 94 / 울음 · 95 / 기도 · 96 /
바다 · 97 / 낙엽 · 98 / 농담 · 99 / 장난 · 100 / 키스 · 101 / 기도 · 102 /
은하수 · 103 / 열정 · 104 / 구름 · 105 / 시 · 106 / 눈물 · 107 / 도자기 · 108 /
꽃 · 109 / 고양이가 털이 긴 이유 · 110 / 눈 · 111 /
고양이의 가르침 · 112 / 천사 · 113 / 설탕의 사랑 · 114 / 앎 · 115 /
시 · 116 / 살인자 · 117 / 봄 · 118 / 묘비 · 119 / 노을 · 120 / 말의 무게 · 121 /
사랑의 조건 · 122 / 단풍나무 · 123 / 식목일 · 124 / 꽃 · 125 / 잠 · 126 /
아주 작은 고양이 · 127 / 눈 · 128 / 인연 · 129 / 꽃 2 · 130 / 불 · 131 /
나 · 132 / 사실 · 133 / 슬픔 · 134

1부

장미

날아가기 쉬운 영혼들은
여러 겹으로 매달리나니

붉어지는 힘으로

가시의 우아함으로

바람

너의 눈으로
내 마음이 흐른다.

두 눈으로,
마음을 본다.

투명한 너의 마음을 본다.

두 눈으로,
바람을 본다.

너에게로 부는
내 마음을 본다.

바다가 파란 이유

슬픔에 잠긴
물고기들의 언어는 투명한데
바다는 물고기들의 슬픔을
파랗게 번역한다.
파랗게…

화양연화

사랑이라는 두 글자를 더듬었습니다.
눈먼 사람같이

다시 꽃 피려는 이유를 알지 못하기에
부디 내 눈물을 흩날리게 해주소서

저의 계절은 아직 오지 않았습니다

봄이 온다

맨발로
겨울을 짓밟아다오

봄이 시리도록

벚꽃

불시착한 분홍빛들
해석한 적 없는
봄의 문법들로 화사하다.

물고기는 슬퍼하지 않는다.

허우적대는 슬픔들
슬픔은 지느러미가 없다.

꽃은 당신이라서

아름다운 꽃이 지는 건
관능이라서

지는 꽃을 바라보는
당신이라서

낙화

슬픔에 베인 상처가 떨어진다.
나풀나풀
봄날의 날갯짓같이

쌓이는 아픔은
바람에 날릴 수 있도록 엷게
아주 엷게

새

낙엽을 밟아 본 기억이
희미해지면
날개를 접어야 한다.

그래야 한다.

화가

삶은
슬픔으로 낙서하는 거래

혼나지 않을 만큼
가볍게

비

비가 내린다.

빗소리는 왜 악보가 없는지

길들이고 싶은 슬픔에
내가 길들어진다.

언제부터
울음소리가 빗소리를 닮아간다.

흐린 날엔 수많은 내가 내린다.

꿈

나의 꿈은
부러지기 쉬웠다.

밤의 눈이 감긴다.

별이 되려는 눈빛과
그리움이 되지 않으려는
불빛들

불행도 아름다울 수 있을까

별이 많은 이유

당신은
나에게로 기울어지는 별빛

하늘에 수많은 별들을 풀어놓을래

그림자

밤의 색깔을 닮으려는
그대에게

매일 안녕하세요.

0

두 팔이 없을 때
비와 나 사이의 거리

옷걸이의 옷같이
우산에 걸려 있어야지.

숨

대신할 수 없으니
더욱 애틋해져라.

불행

꽃들이 손톱을 세웠다.
불행이 피어났다.

빛

작은 별 하나
나에게 어둠을 속삭였다.

홀로 빛나지 못해 두렵다고.

외로움에 상처받은 별의 눈물에
어느 12월 차가운 눈이 내렸다.

그리고, 빛이 되어 쌓인다.

노을

서글피 접은 잎새가
한 오라기 바람 될 때

두 눈에 담긴 그리움 몰래
푸른 빛깔 담아낸다.

얇은 유리창에 스민 붉은 숨결아!
너는 고이 물들었구나.

기적

날개 없이 달리자
빛이 부서질 때까지

바람을 닮아가렴
내 숨결아

시간을 흩날려다오
내 것이 아닌 계절들아

봄

계절의 보폭이 짧아졌다.
봄이 왔다.

사랑해

그대라는 페이지를 펼쳤다.
영원히 접히지 않을 꿈이었다.

독백

나를 닮지 않은
나에게

우연히 마주치고 싶은
나에게

겨울

태양의 독백이
차가워질 때

가을을 불태우소서

외로움

추워…
오늘은 슬픔을 껴안야지

누군가 내 이름을
불러 줄 때까지

이별

나는 매일
오늘과 헤어져야 한다.

다시 만날 것처럼

잠

밤과 밤 사이
이 많은 꿈들을

어떻게 깨우고
밤은 어디서 잠들지?

잠수

가라앉고 싶은
여름

또 다른 그리움에 빠지리

냐옹이

거리는 이토록 다정한데
생을 슬픔으로 할퀴기 전에

눈물에게 날개를 달아주오
우릴 사랑하지 않는 자

슬픔도 사랑하지 못하리

사랑

당신은 나의 마지막 계절이다.

인사

눈 감으면
밤을 마중 나가는 거 같애

안녕?
새벽이 먼저 오는 너에게

매미

새파랗게 질릴 때까지

여름이
스스로 울게 하소서

지렁이

꿈을 밟았다.
삶이 발버둥 친다.

파도

바람의 자화상들이
물결친다.

캔버스 없이

밤

달은 어떻게
밤의 주소를 알았을까

나의 꿈이 야행성인 이유

하루의 반을 잘라버린 참회로
어두울 수밖에

꿈

그림자가 무거워
날지 못하는 새들은

매일 밤 날아오르리

유성우

밤을 할퀴는 고양이들

외로움

나도 모르게

꽃의 몸짓은
바람을 닮아간다.

나도 모르게

아름다운 당신

아름다움은 말이 없으니
당신의 이름을 부를 수밖에

2부

밤비

별빛들이 익사하는 기억으로
물든 밤거리는

땅에 묻은 빗소리를
애도하는 어둠들로 고요하다.

눈물

영혼과 육체의 슬픈 교감

내 영혼이 살아 있다는
몸부림

꽃 1

낮과 밤을 섞어야
노을이 된다니!

오후 6시가 피어난다.

고백

어떤 밤은
우아하게 찾아온다.

노란 장미의 일생처럼…
그때가 오면

나의 피는
당신의 심장에서 다시 태어나리

나비

빗방울에 매달린
당신께 바치는 무수한 날갯짓

잠

누군가의 밤을 감고
나는 눈 감고

슬픔

자책하지 말아다오
슬픔아

나는 너의 무덤일 뿐이니

우산

또 다른 하늘을 펼쳤다.

별빛

아무리 멀어도 찾아오는
설렘들로
나의 시간은 하늘에서 멈춘다.

삶이 빛나기 시작했다.

비눗방울

아름다운 것들은
오래 머물 수 없는지…

또 다른 세계를 터뜨렸다.

고백

나는 키가 작다
슬픔을 올려다본다.

벚꽃

분홍빛이 펼쳐지는 속도로
겨울이 달아난다.

천사들이 불행한 계절

날지 못하는 날개는
간절히 매달릴 수밖에

참새

지저귀는 아침들
귀여움을 밟는다.
총총

하루

나의 하루를 펼치면
몇 페이지일까?

읽고 싶지 않은 글로
가득하지만

고양이들의 낙서로 행복해

밤

밤이다.

보름달아
슬픔은 비추지 말아다오

내 꿈은 눈 감을 줄 모르니

도둑고양이

슬픔을 훔쳐 가는
다정함이란

꿈

왜 밤의 뒤를
밟나요

하루의 끝은 보았나요

아름다움에 끝이
어디 있나요

외로움

슬픔을 지켜본다.

반기는 이 없어
쓸쓸한…

노을

노을이 진다.
하루를 불태웠다.
이토록 화사한 절망이라니!

절망

갈 곳 없어
내 얼굴에 발자국을 남긴다.

보이는 것만
비추지 말아다오
거울아

이름

누군가
날 겨울이라 불렀다.

삶이 흩날린다.

하얗게

달리기

왜냐면
두 다리는 서로를 그리워하거든

번개

하늘의 상처가 아문다.
물고기 몰래

책갈피

가을은
왜 이리 얇은지

천년 후

너의 이름을 잊었다고
너를 모를까

독백

왠지 그림자는
쓸쓸함을 아는 것 같아.
내 뒷모습을 너무 닮았거든

바람

모든 새들의 어머니
어쩌면 흔적

지구의 심장은 투명할 것 같애

비

직선이 번식한다.
창문의 기도는 요란해지고
꺾인 적 없는 고집들로
구원받는 영혼들

나는 수채화를 그리지 않는다.

빚

매일 아침
초대한 적 없는
무례한 하객들로 가득하다.

나를 긍정할 때는
찾아오지 않는…

슬픔

왜 항상
슬픔에 뒤처지고 마는지
긋지 못한 나의 출발선들

슬픔에는 룰이 없다.

두 눈

빛을 켜는 스위치

어둠

빛의 거짓말

꿈

봄이 온다는 구름의 예감

마음

사랑이 밟고 간 자리에
움푹,
슬픔이 고여 있다.

비

구름의 빗장이 헐거워졌다.

물고기 몰래
쏟아지는 투명한 고백들

죄

자살하는 빛들
어둠은 슬펐다.
참 다정히

숲

읽을 수 없는 책의 전생들
서서 꾸는 꿈들로 빽빽하다.

사랑

정박할 곳 없는 고독
그대라는 폭풍우에
난파당하리

빛

빛을 증명하고 싶다.
눈부시게

눈물

내 안의 작은 바다
몰래 낚는 슬픔들

빠져 죽어다오.
나의 찬란한 슬픔들아

3부

수취 불명

나뭇잎들이 저마다의 색으로
가을을 초대하지만
상록수는 가을의 주소를 모른다.

심장

눈물의 고향

고백

당신에게 헤엄치는 언어들로
익사하고 싶어

울음

슬퍼할 권리를
눈물에게 양보하며…

나는 메말라 갈 것이다.

기도

사랑을 사랑하게 해주소서

바다

아가미로 거른 슬픔들

낙엽

겨울의 안부를 묻는
낙엽의 다정함에 묻히고파

말라 부서지는 낙엽들에 밟히고파

농담

눈물에 빠진 물고기

날지 못하는 새벽

무지개의 그늘

장난

가을의 입술을 훔쳐
달아나 버릴까

바람의 머릿결을
풀어헤쳐 놓을까

키스

달빛이 쏟아내는 침묵에
감시당하며

포개지는 두 그림자

기도

모퉁이가 나타나면
우리 넘어지기로 해요

접질린 기억처럼…

은하수

맑은 하늘,
흔들리는 눈동자 속에
내가 살아야 하는 이유가
점점이 박혀있다.

열정

당신은
슬픔을 느끼려
살아가는 것처럼
처절하네요.

구름

슬픔이 깊어져
수많은 눈물을 담을 수 있으면

미련하게 증발해
당신 주위를 떠다닐 텐데…

시

언어가 침묵할 때
시는 말한다.

마치 다른 종족인 것처럼

눈물

피지 못하고 지는 꽃

도자기

굳은 빛깔로
금이 간 얼굴을 사랑해

쨍그랑
고양이를 깨우는 소란은

새파래

꽃

당신의 언저리에
그늘질 이유가 없으니
활짝 피어날 수밖에

고양이가 털이 긴 이유

슬픔을 흘리면
고양이가 쓸고 지나간다.

눈

하얀색은 자라는 속도로
사라진다.
혹은 없어지거나.

고양이의 가르침

외로움은 둥글게 말면
사라지는 거라고

눈빛이 깊어야
사랑을 담을 수 있다고

내가 누구라도
사랑했을 거라고…

천사

시간에 베이면 사라지는 것들이 있다.

눈을 감아 이름을 물었다.
당신이 나를 부르지 못할 때

나는 날 수 있다.

설탕의 사랑

우울한 커피의 기분에 맞춰
달콤한 온도를 찾는 일
너에게로 녹아드는 일

앎

태양은 아침을 모른다
나는 당신을 모른다.

시

허공에 눈물을 심었다.
슬픈 꽃에는 날개가 있다.

살인자

새해는 13월을 죽였다.

봄

겨울이 넘어졌다.

찾아온 부끄러움은 짧고
겨울의 옷은 길었다.

묘비

밤에 먹은 나이는 짧았다.

꿈을 꾼다.

나의 이름이
나를 위해 울고 있고

난 다시 새겨진다.

노을

붉게 핀 서러움에
고개 들고

길어진 그림자와
이별하고…

말의 무게

말의 시체가 쌓이면
밤이 찾아온다.

무덤에서 별들이
한 음절씩 자란다.

당신의 어둠 속에서
가장 아름다운 말이,

내가 잡을 수 없는 말이
빛나고 있다.

사랑의 조건

사랑을 해야 한다면
깊고 깊은
당신의 그늘에 빠지리

단풍나무

가을에 빚을 졌다면
사과해야죠.

매년 얼굴 붉힐 수 없잖아요?

식목일

너라는 산소가 부족해
심장이 두근거린 걸까?

광합성을 하고 싶어

널 향한 사랑을
내 마음에 심었어

꽃

차가워진 바람은
가을이라는 중독에서
벗어날 수 없는가 보다.

서툰 입맞춤이 붉어질 때
애타는 눈빛이 피어나는 걸 보니.

잠

내일이 보고 싶어
오늘, 눈 감아 본다.

아주 작은 고양이

아주 작은 고양이는
불빛에서 피어난다.

까맣게 타들어가다
따뜻이 스며들어

포근히 날 바라보았다.

눈

음악 없는 중력의 춤
관객들 물들인다.
앙상히

인연

눈 나려 별빛 삼켜도
어둠에 두 눈 멀어도

이 한 걸음, 바람 되어
그대에게 닿으리

꽃 2

고개 숙여 떨어지는
날 위한 기도

움직이지 않는
그대의 마음

고요히 피어올라라.

불

한 장, 두 장
떨어지는 꽃잎 보며
슬픈 불쏘시개는

탁탁…

지지 않는 꽃 피운다.

나

감은 눈 떠
내게 오는 빛.

하나의 세계를 선물하고
그대라는 인연.

또 하나의 우주가 피어난다.

사실

활짝 핀 꽃이
슬퍼 보입니다.

사실, 당신이 보고 싶습니다.

슬픔

나는 왜 눈 뜨는지 알지 못합니다.

지구가 한 바퀴 돌아
날 깨운다 해도

그 이유를 모르기에
슬퍼하려 합니다.

이 도서의 국립중앙도서관 출판예정도서목록(CIP)은 서지정보유통지원시스템 홈페이지(http://seoji.nl.go.kr)와 국가자료공동목록시스템(http://www.nl.go.kr/kolisnet)에서 이용하실 수 있습니다. (CIP제어번호 : CIP2020032309)

물고기는 슬퍼하지않는다

초판 1쇄 발행 2020년 8월 19일

지은이 권재용

펴낸이 임병천
펴낸곳 책나무출판사
출판신고 2004년 4월 22일 (제318-00034)

주소 서울시 영등포구 신길3동 325-70 3F
전화 02-338-1228 **팩스** 0505-866-8254
홈페이지 www.booktree.info

ⓒ 권재용 2020
ISBN 978-89-6339-656-9 03810

*이 책의 판권은 지은이와 책나무출판사에 있습니다.
*양측의 서면 동의 없는 무단 전재 및 복제를 금합니다.
*잘못된 책은 바꿔드립니다.